una colección de biografías

Written by
Kristy Placido

Cover Design by Mi Enn
Portraits by Andrea Bacca

Edited by
Carol Gaab

ISBN: 978-1-945956-34-8

Fluency Matters, P.O. Box 11624, Chandler, AZ 85248

info@FluencyMatters.com • FluencyMatters.com

A NOTE TO THE READER

This book is a collection of biographies of people whose lives have made an impact on their culture, on their profession, and on humanity.

This book is written strategically and comprehensibly for advanced beginners to help you easily pick up grammatical structures while you enjoy reading compelling true stories. We suggest you peruse the glossary to familiarize yourself with some common structures that are used throughout the biographies.

The comprehensive glossary lists all high-frequency words and phrases that are used in the book. In addition, the glossary lists more advanced and complex structures, which are also footnoted at the bottom of the page where each occurs.

We hope you enjoy and are inspired by these biographies...

Índice

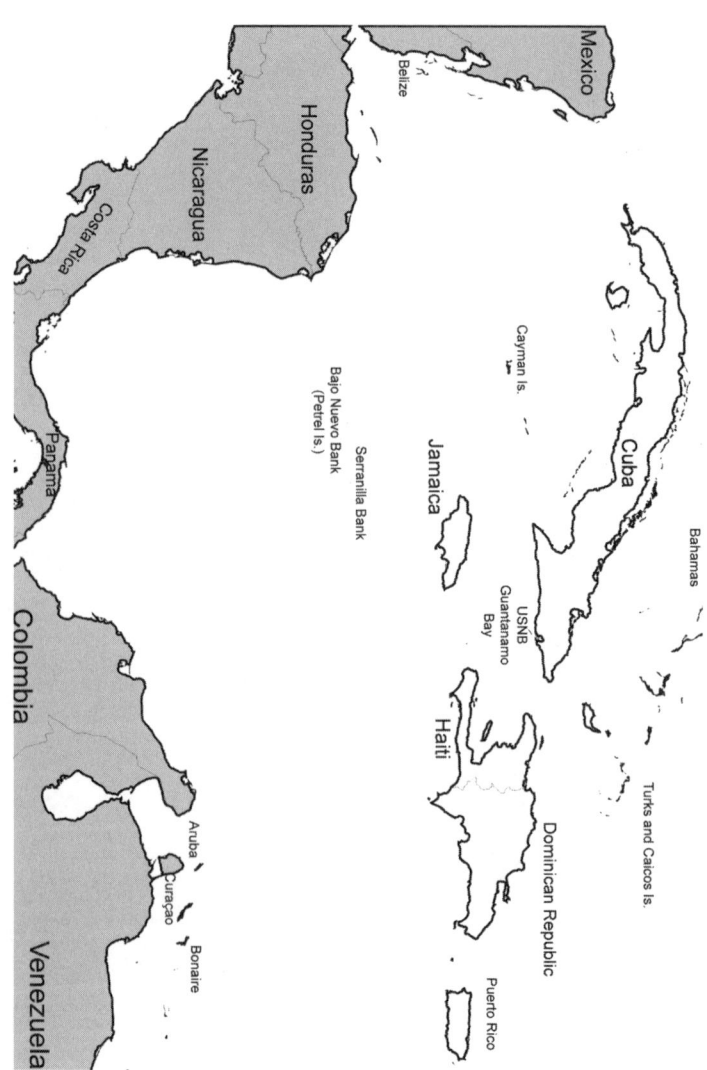

Roberto Clemente

Roberto Clemente Walker nació el 18 de agosto de 1934 en Carolina, Puerto Rico. Fue el menor de siete hijos. Sus padres no tenían mucho dinero.

Después de graduarse, empezó a jugar al béisbol profesionalmente en Puerto Rico con el equipo de los Cangrejeros[1] de Santurce. En febrero de 1954, los Dodgers de Brooklyn lo reclutaron para

[1]Cangrejeros - Crabbers

1

jugar en las ligas menores. Clemente fue a un equipo en Montreal. Le fue difícil porque el clima era muy frío y Clemente no hablaba inglés bien. Algunos jugadores bilingües le ayudaron a navegar el sistema. Los Dodgers sabían que Clemente tenía mucho talento, pero no le ofrecieron un contrato. Sin un contrato oficial, Clemente no ganaría mucho dinero y Los Dodgers tendrían un jugador talentoso para el futuro a bajo costo. Los Dodgers querían esconder[2] el talento de Clemente para que otro equipo no lo reclutara. Era una práctica común y era muy injusto para los jugadores.

En junio de 1954, un entrenador de picheo, Clyde Sukeforth de los Piratas de Pittsburgh, llegó para observar a un picher, pero otro jugador llamó su atención: Roberto Clemente. El entrenador observó a Clemente durante la práctica. Vio que Clemente tenía mucho talento, pero que casi no jugaba durante los juegos. Sukeforth sabía que el equipo quería proteger a Clemente de los ojos de los observadores de otros equipos. También sabía

[2]*esconder - to hide*

2

que Clemente no tenía un contrato y estaba deter-
minado a reclutarlo para que jugara con los
Piratas.

Durante el invierno del mismo año, Clemente
regresó a Puerto Rico. El 30 de diciembre, Roberto
y su hermano Justino iban a visitar a su otro hermano, Luis, que estaba muy enfermo. Mientras
conducían a la
casa de su herma-
no enfermo, ocu-
rrió un terrible
accidente de
carro. Un hombre
que había tomado
mucho alcohol
causó el acciden-
te. Roberto sufrió
de un fuerte dolor
de espalda[3] y a

consecuencia del accidente, no pudo visitar a
Luis. Tristemente, Luis murió un día después del
accidente y Roberto sufrió del dolor de espalda

³*espalda - back*

3

por el resto de su vida.

Después de ver jugar a Clemente en Montreal en junio de 1954, el entrenador de los Piratas estaba decidido. ¡Los Piratas–uno de los peores[4] equipos de béisbol en ese tiempo–necesitaban a Clemente! En 1955, los Piratas de Pittsburgh reclutaron a Clemente para jugar en las Grandes Ligas. Jugar en las Grandes Ligas

era increíble, pero Clemente sentía mucha frustración por las tensiones raciales que existían en los Estados Unidos. Para Clemente, no existía una razón para discriminar a las personas. Él no podía comprender el racismo ni la discriminación.

A causa del dolor de espalda, Clemente no pudo jugar en varios juegos durante su primer año con Pittsburgh. Pero el año siguiente jugó muy

[4]*peores - worst*

bien. Roberto anotó jonrones en ocho juegos consecutivos. Para junio, los Piratas estaban ganando muchos juegos. ¡El promedio[5] de bateo de Clemente fue .357! El 25 de julio de 1956, Clemente se convirtió en el único jugador de béisbol en la historia de las

¡Unos fans locos por Roberto!

Grandes Ligas en batear un *grand slam* dentro del parque para ganar un juego.

Durantes los años siguientes, con la ayuda de Clemente, los Piratas continuaron jugando bien y en 1960, ¡los Piratas ganaron La Serie Mundial! Ganaron en siete juegos contra los Yankees. La contribución de Clemente fue decisiva en la victoria. Clemente anotó 9 hits, 3 RBIs y su promedio de bateo fue .310.

[5]*promedio (de bateo) - (batting) average*

El año siguiente, Clemente fue el líder de la Liga Nacional con un promedio de bateo de .351. También anotó 23 jonrones y recibió el premio *'Guante de Oro' (Golden Glove Award)*. ¡Ganó el premio 11 veces consecutivas en los siguientes 11 años! ¡El talento de Clemente lo hizo famoso!

En 1964, Roberto Clemente conoció a Vera Zabala. Se conocieron en Carolina, Puerto Rico. Vera era una mujer tímida que trabajaba en un banco. Un día ella fue a una farmacia donde Roberto estaba sentado mirando un periódico. Él la miró, curioso. Ella sabía quién era él: era el famoso beisbolista Roberto Clemente. Él le preguntó: «¿Cómo te llamas?». Tímida, ella respondió: «Me llamo Vera». Y ella empezó a salir de la farmacia. Cuando ella se iba de la farmacia, Clemente le dijo: «No te vayas. ¿Quieres salir conmigo?». Vera le respondió que no, pero Roberto era persistente y la invitó a salir varias veces. A Roberto realmente le gustaba Vera así que convenció a su sobrina[6] para que llamara a Vera a su trabajo en el banco. Finalmente la sobrina de

[6]*sobrina - niece*

6

Roberto la convenció y Vera respondió que sí, que saldría con Roberto.

A la hora indicada, Roberto fue al banco donde Vera trabajaba. ¡Todos los empleados del banco querían ver a Roberto Clemente! Fueron a comer a un restaurante elegante de un hotel. Roberto era muy atractivo, romántico y sincero y Vera, una persona muy tímida, estaba muy nerviosa. Cuando Roberto regresó a su casa, le dijo a su mamá: «Mamá, voy a casarme[7] con Vera».

Al día siguiente, Roberto fue a visitar a Vera a su casa y le dijo: «Vera, un día voy a casarme contigo». Unas semanas más tarde le dijo a Vera: «Mira, tengo unas fotos de algunas casas. ¿Cuál casa te gusta?». Pocas semanas después le dijo: «Vera, ¿quieres casarte conmigo?». Vera pensaba que todo pasaba muy rápido pero ella realmente quería a Roberto y sabía que él era el hombre de su vida.

El papá de Vera creía que todo estaba pasando muy rápido. Él no estaba convencido de que

[7] *casarme - to marry*

Roberto era el hombre correcto para su hija. No importó: Vera y Roberto se casaron el 14 de noviembre de 1964. Tuvieron 3 hijos: Roberto, hijo, nació en 1965; Luis Roberto en 1966; y Roberto Enrique (Ricky) en 1969. Roberto Clemente era un beisbolista famoso, pero más que nada, era un padre dedicado.

Durante los años 60, ¡la carrera de Roberto Clemente fue espectacular! Durante 13 años, su promedio de bateo excedió .300. Participó en 14 juegos *All-Star*, 12 de ellos de forma consecutiva, y en 1966, recibió el honor del 'Jugador Más Valioso' de la Liga Nacional. Con toda su fama, Clemente no quería que sus hijos vivieran de su nombre y no quería que fueran los típicos niños ricos. Quería que trabajaran y que aprendieran.

Clemente podía vivir una buena vida ya que era una súper estrella del béisbol, pero sentía la obligación de usar su fama para trabajar por la justicia social. Se sentía genuinamente confundido por el racismo en los Estados Unidos. Conoció a Martin Luther King, hijo, y por eso empezó a observar con mucha atención lo que pasaba en el

Martin Luther King, hijo

sur de los Estados Unidos en esos días. Roberto sintió la obligación de hablar públicamente sobre los problemas que tenían los beisbolistas latinos, especialmente los latinos negros. Decía que si uno era negro, tenía un strike en su contra, y si uno era latino y negro, tenía dos strikes en su contra. Quería que los jugadores latinos recibieran buenos salarios. Quería que los latinos llegaran a ser managers. Más que nada quería que los latinos recibieran el respeto de todos.

Roberto se dedicó a usar su fama y su dinero para ayudar a la gente más necesitada del mundo. Donó mucho dinero a varias causas en Puerto Rico y en Pittsburgh. Donaba dinero a hospitales, a organizaciones que ayudaban a los niños y a la gente pobre. Visitaba a niños en los hospitales. No lo hacía por publicidad, porque lo hacía sin informar a los reporteros. Lo hacía simplemente para ayudar a la gente.

En 1971, Clemente condujo a los Piratas al triunfo en otra Serie Mundial. Los Piratas ganaron en siete juegos contra los Orioles de Baltimore y ¡Clemente ganó el premio del *Jugador más Valioso de la Serie Mundial*! Bateó .414, anotó 2 jonrones e hizo jugadas defensivas maravillosas durante la Serie. Clemente estaba en el pico de su carrera.

Dos días antes de la Navidad[8] de 1972, hubo un terremoto[9] masivo en Managua, la capital de Nicaragua. Clemente sabía que tenía que ayudar y preparó una carga grande de comida, agua y otros artículos de primera necesidad. Tristemente la carga para la gente de Managua nunca les llegó a los que más la necesitaban. Así que Roberto preparó otra carga y decidió acompañar personalmente la nueva carga aérea a Managua para garantizar que todo le llegara a la gente.

[8]*Navidad - Christmas*
[9]*terremoto - earthquake*

Roberto, hijo, tenía siete años cuando ocurrió el terremoto. La noche antes de que saliera su padre para Managua, el niño tuvo un sueño. Era como una visión. Sabía que el avión no iba a llegar a su destino. Fue con su papá y le dijo: «Papá, no puedes irte. Si te vas en ese avión te vas a morir». Roberto le dijo a su hijo: «Está bien, hijo. Todo está bien». Clemente también tenía la premonición de que iba a morir joven. Le había mencionado a su esposa que había tenido un sueño en el que estaba sentado en una nube observando su propio[10] funeral.

Al día siguiente, Clemente salió con la carga en un avión. El avión, que había tenido problemas mecánicos, tenía mucha más carga de lo que se recomendaba. El 31 de diciembre, el avión se cayó en el Océano Atlántico y Roberto Clemente se murió.

Pero el legado de Clemente no murió. Vera Clemente continuó trabajando en el nombre de Roberto. Dos años después de la muerte de su

[10]*propio - own*

esposo, Vera estableció la 'Ciudad Deportiva Roberto Clemente' en Carolina, Puerto Rico.

La ciudad no solo ofrecía programas de deportes, sino que también ayudaba a la gente de la comunidad con programas de arte, clínicas de rehabilitación para las personas adictas a las drogas y al alcohol, y programas para toda clase de problemas sociales y personales. Desafortunadamente la ciudad está cerrada ahora.

Roberto Clemente continúa siendo una inspiración. Su talento, atletismo y generosidad han cambiado el mundo del béisbol y el mundo en general.

Azucena Villaflor

Azucena Villaflor nació el 7 de abril de 1924, en Avellaneda, Argentina. Su madre solo tenía quince años y su padre 21 cuando Azucena nació. Sus padres eran pobres y en 1940, cuando Azucena solo tenía dieciséis años, empezó a trabajar como secretaria. En 1949, mientras trabajaba, conoció a Pedro de Vicenti. Pedro era oficial en un sindicato de trabajadores[1]. Ellos se casaron y tuvieron cuatro hijos.

[1]sindicato de trabajadores - workers' union

En marzo de 1976, había caos en Argentina. Hubo un golpe de estado[2]. Los militares se rebelaron contra la presidenta Isabel Perón y, como consecuencia, el gobierno se quedó en manos de un dictador militar: Jorge Rafael Videla. Los militares querían el control total, y por eso querían eliminar a todas las perso-

Isabel Perón

nas asociadas con el gobierno de Perón. Los militares también querían eliminar a las personas que creían que estaban asociadas con el comunismo. Muchas personas empezaron a desaparecer porque el gobierno creía que eran comunistas, que tenían amigos comunistas, o que criticaban al nuevo gobierno. Muchas de las personas que desaparecieron fueron jóvenes estudiantes univer-

[2]*golpe de estado - coup d'état (overthrowing a leader currently holding power)*

sitarios.

Uno de los hijos de Azucena y Pedro se llamaba Néstor. Tenía 24 años y estaba casado con una mujer llamada Raquel. Normalmente Néstor llamaba a su madre por teléfono o la visitaba todos los días. El 30 de noviembre de 1976 Néstor no llamó. Desapareció. La esposa de Néstor, Raquel, también desapareció.

Azucena buscó a Néstor y a Raquel durante seis meses. Ella habló con muchos oficiales del gobierno, pero ninguno de ellos ayudó a la pobre madre. Azucena conoció a muchas otras madres que también buscaban a sus hijos desaparecidos. Para Azucena, buscar a su hijo fue una obsesión.

La madre estaba determinada y decidió que era hora de que el público supiera[3] sobre la situación de su hijo. Organizó unas manifestaciones (protestas) y, el 30 de abril, un grupo de trece mujeres fue con Azucena a la Plaza de Mayo en el centro de Buenos Aires. La Plaza de Mayo estaba localizada enfrente de La Casa Rosada, la residencia del dictador. Marcharon por la plaza.

[3]*supiera - know*

La Casa Rosada en Buenos Aires

Decidieron marchar todos los jueves a las 3:30 de la tarde. No querían darle un momento de paz a Videla mientras sus hijos no regresaran a sus casas.

Todos los jueves el grupo de madres se reunía para marchar. Cada jueves había más y más personas marchando.

Azucena estaba muy ocupada con sus actividades con el grupo que se llamaba simplemente *'Las Madres'*. Iba a muchas reuniones, no preparaba la comida para su familia, e iba a muchas iglesias para hablar con la gente sobre los desaparecidos.

Un día de octubre, cuando Azucena hablaba en la iglesia San Nicolás de Barí, conoció a un hombre joven que se llamaba Gustavo Niño. Gustavo le dijo que tenía un hermano desaparecido, y que su madre no podía marchar en Buenos Aires porque estaba muy enferma. Él quería marchar con Las Madres. Era un poco raro que un hombre joven quisiera marchar con las madres, pero el grupo lo aceptó. Gustavo tenía 24 años como Néstor, y Azucena no quería que nada malo le pasara. Ella le dijo que era muy peligroso que él fuera un activista. Era más peligro para él que para las madres. Nadie le iba a hacer nada a una madre.

Gustavo marchaba con Las Madres y fue a muchos eventos con ellas, y las madres lo cuidaban. Un día, Gustavo le dijo a Azucena que no tenía dónde dormir. Azucena quiso invitarlo a dormir a su casa, pero su familia le dijo que no. Pedro le dijo: «Azucena, puedes marchar, y puedes participar en los eventos con Las Madres, pero no me

Una mujer y su hija en una manifestación

gusta este hombre. Él no puede dormir en esta casa». Así que Gustavo se fue a dormir en la casa de otra familia y continuó marchando y participando en todos los eventos de las madres. Era muy dedicado a las actividades de Las Madres.

Un año más tarde, en octubre de 1977, un grupo de Las Madres fue arrestado. La policía las interrogó durante muchas horas, pero al final pudieron irse. Después del incidente, su esposo Pedro le dijo a Azucena que ya era hora de dejar

18

**Pañuelo blanco, símbolo de
las Madres de Plaza de Mayo.**

su trabajo con las madres. Pedro creía que era peligroso para Azucena y para la familia. Pedro le dijo que era una tragedia que Néstor había desaparecido, pero que tenían que proteger a sus otros tres hijos. Azucena no quería dejar su trabajo con Las Madres, y no le importaba que fuera peligroso. Azucena estaba determinada a encontrar a Néstor y a su esposa y también quería ayudar a otras madres que buscaban a sus familiares desaparecidos.

El 10 de diciembre, el grupo Las Madres publicó un anuncio en el periódico con los nombres de sus hijos desaparecidos. Esa noche, horas después de que la lista de nombres apareciera en el periódico, ocho hombres llegaron a la casa de Azucena y la arrestaron.

Fotos de personas desaparecidas

Resultó que *'Gustavo'* realmente se llamaba Alfredo Astiz. Astiz trabajaba para la dictadura y se había infiltrado al grupo Las Madres para investigarlas. Él fue el responsable del arresto de Azucena, la mujer que lo había cuidado y querido como si fuera su propio hijo. La familia de Azucena nunca supo nada más de ella. Desapareció.

Pedro se sentía desconsolado sin Azucena. Se sentaba enfrente de la casa, llorando. Él murió en 1980, tres años antes de que el país volviera a la democracia y nunca supo lo que le pasó a su esposa.

En el año 2003, el Equipo Argentino de Antropología Forense identificó los restos de Azucena Villaflor y de otras cuatro mujeres que desaparecieron en 1977. El equipo forense determinó que las mujeres fueron víctimas de una táctica común durante la dictadura de Videla: los *vuelos de la muerte*[4]. Los oficiales de la dictadura les quitaron[5] la ropa y las drogaron. Forzaron a las mujeres a entrar en un avión y las dejaron caer del avión al océano.

En 1983, Argentina volvió a la democracia. En 1986, Argentina pasó leyes que perdonaron a los soldados de la dictadura de Videla. ¡Astiz era un hombre libre! Pero en el 2005, el gobierno de

[4]*vuelos de la muerte - death flights*
[5]*quitaron - took off*

21

Argentina determinó que no era una decisión constitucional perdonar a los criminales de la dictadura, y Astiz fue sentenciado a pasar el resto de su vida en prisión.

Ahora, los restos de Azucena Villaflor están enterrados[6] en el centro de la Plaza de Mayo, donde Las Madres aún marchan todos los jueves. Ahora, no hay una dictadura en Argentina. Ahora Las Madres marchan para llamar la atención del público a varias causas humanitarias.

[6]*enterrados - buried*

Celia Cruz

Úrsula Hilaria Celia de la Caridad Cruz Alfonso nació en 1925 en La Habana, Cuba. Vivía con sus padres, sus 3 hermanos y varios familiares. Siempre había muchas personas en la casa y también mucho amor.

Cuando la madre de Celia estaba embarazada[1] de Celia, su hermana (la tía de Celia) sufrió
una tragedia. Su bebé, que era una niña, murió. La
tía Ana estaba desconsolada. No dejaba que nadie
tocara a la bebé muerta. La mamá de Celia, Ollita,
quería mucho a Ana, y fue a consolarla. Ana se
calmó cuando Ollita llegó. Ollita le dijo a su hermana: «Ana, cuando un bebé muere, es que va a
regresar a la familia. Tienes que marcar a la niña
para que la reconozcas».

Prepararon a la niña para el funeral, y la familia empezó a rezar[2]. Ana no lloraba. No hablaba.
De repente, Ana fue hacia su hija muerta, la miró,

[1]*embarazada - pregnant*
[2]*rezar - to pray*

y le dijo: «Yo sé que un día vas a regresar. Yo te voy a esperar. Voy a marcarte para reconocerte cuando regreses». Y con eso, le tomó las manos y le rompió los dos meñiques[3]: «¡CRAC!». Todas las personas en la casa oyeron el CRAC y miraron a la tía Ana con shock por lo que había hecho. ¡Ollita no podía creerlo! Su bebé le saltó en el estómago y Ollita casi no pudo respirar. Todos pensaron que Ana se había vuelto un poco loca porque su hija había muerto.

Unos meses después, Celia nació. La tía Ana estaba con su hermana Ollita. Ellas inspeccionaron a la pequeña Celia, le miraron las manos y vieron que Celia tenía los meñiques deformados. La tía Ana gritó de sorpresa y empezó a llorar. Lloró y dijo: «¡Mi hija ha regresado! ¡Mi hija preciosa!». La tía de Celia firmemente creía que su bebé había regresado a la familia cuando Celia nació. De esta forma, Celia tuvo dos madres.

Un día cuando Celia era niña, unos amigos de sus padres visitaron a su familia en su pequeña

---

[3]*rompió los dos meñiques - broke both of her pinkies*

La Habana

casa en La Habana. La mamá de Celia le dijo que les cantara una canción, así que Celia les cantó una canción cubana tradicional. Los amigos estaban muy impresionados con la voz de la niña, y con su encantadora personalidad. Unas semanas más tarde ellos los visitaron otra vez y le dieron una sorpresa a la pequeña Celia: unos zapatos elegantes. A Celia le encantaron los zapatos. Esto empezó la fascinación de Celia por la ropa y por los zapatos.

De niña, Celia aprendió a cantar canciones de

26

santería[4], una religión afrocaribeña que su padre católico no aprobaba. Las cantaba con una mujer que practicaba la santería. Muchas de sus canciones tenían influencia de la santería y de la tradición afrocaribeña en Cuba.

Cuando Celia era adolescente, iba con su tía a los cabarets. Su padre no quería que Celia cantara en los cabarets. Quería que estudiara para ser profesora. En la opinión de muchos, ser cantante no era una carrera respetable. Celia empezó a estudiar para ser profesora de literatura.

Un día, uno de sus profesores le dijo: «Celia, tú cantas muy bien. Cantando podrías ganar en un día lo que yo gano en un mes. Tú naciste para cantar».

Celia empezó a participar en competencias de canto en la radio y en clubes. ¡Muchas veces el premio por ganar era un pastel[5]! Celia ganó un montón de pasteles, y también la invitaron a participar en otras competencias. Cuando tenía 22 años, Celia empezó a estudiar música en la uni-

[4]*santería - an Afro-Cuban religion*
[5]*pastel - cake*

versidad. Cuando tenía 25 años, una banda famosa, El Conjunto Sonora Matancera, estaba buscando una cantante nueva y ¡llamaron a Celia!

Celia reemplazó a una cantante muy popular que se llamaba Myrta Silva. El público estaba loco por Myrta. Algunos fans escribieron a la estación de radio para expresar su insatisfacción con la nueva cantante. Celia se sentía muy triste cuando la gente la criticaba, pero su mamá y su tía Ana siempre la ayudaban. Con la ayuda de su mamá y de su tía, Celia continuó trabajando e ignoró a los críticos.

El Tropicana de La Habana
Foto: MiltonPoint CC BY-SA 4.0

28

Celia rápidamente llegó a ser una estrella. Cantaba en el famoso cabaret Tropicana, en La Habana, tenía varios hits de la radio, cantaba en conciertos por toda Latinoamérica y apareció en varios filmes mexicanos. ¡Tenía una vida maravillosa!

En 1958, Ollita recibió un diagnóstico de cáncer terminal. El doctor le dijo a Celia que Ollita viviría dos años más, o posiblemente cuatro años más si la familia la cuidaba muy bien.

La situación política de Cuba era muy inestable. Fidel Castro llegó a ser el líder de Cuba. El país fue militarizado, muchas personas no tenían trabajo, y el gobierno tomó control de todas las compañías. Una noche en 1959, cuando Celia cantaba en una fiesta privada, Fidel Castro llegó a la fiesta y causó mucha conmoción. Toda la gente en la fiesta quería conocer a Fidel. El

Fidel Castro

señor que daba la fiesta fue a donde estaba Celia y le dijo: «Celia, Fidel quiere conocerte». Celia no estaba impresionada, y le respondió: «Estoy en la fiesta para cantar; si ese señor quiere conocerme, él puede buscarme donde estoy». Fidel no estaba nada contento, y no la buscó.

En 1960, Celia y la banda fueron a trabajar a México. Celia no sabía que, cuando saliera de La Habana en ese avión, sería la última vez que vería a su madre y la última vez que estaría en Cuba. La banda nunca regresó a Cuba, sino que se fue a los

Un mural en Miami con Celia Cruz y Pedro Knight
Foto: Phillip Pessar CC BY 2.0

Estados Unidos. Fidel Castro estaba furioso porque el grupo había desertado de su país, y declaró que ninguno de los miembros del grupo podían regresar a Cuba nunca más. En 1962, la madre de Celia murió y el gobierno de Cuba no le dio permiso a la cantante de regresar. Celia fue exiliada de su país.

Celia Cruz
Foto: Tribes of the World CC BY 2.0

Pedro Knight tocaba la trompeta con El Conjunto Sonora Matancera. Pedro y Celia habían sido los mejores amigos durante doce años. Un día, Pedro llegó y le dijo a Celia: «Celia, quiero hablar contigo. Tengo un problema. Creo que estoy enamorado[6] de mi mejor amiga. No sé qué

[6]*enamorado - in love*

hacer». Celia le respondió: «¿Por qué no se lo dices?».

Pedro la miró y Celia se sintió muy nerviosa pero contenta. Pedro la tomó de la mano y la besó[7]. Ese mismo año Celia se casó con Pedro Knight.

A Celia le encantaban la ropa y los zapatos. Era muy famosa por su 'look.' Tenía ropa elegante, zapatos especiales (parecía que Celia flotaba con esos zapatos) y pelucas[8].

Celia trabajó con muchos músicos famosos, y fue nominada varias veces a los premios Grammy. En 1987, recibió una estrella en el *Hollywood Walk of Fame*. Por fin, en 1989, ganó su primer *Grammy*.

En el 2002, Celia recibió un diagnóstico difícil: sufría de cáncer. Ese mismo año, dos días después del aniversario de su matrimonio con Pedro (¡41 años con el amor de su vida!), Celia murió.

[7]*besó - kissed*
[8]*pelucas - wigs*

Un mural en Nueva York con Celia Cruz "La Reina Celia"
Foto: Bryan Godfrey CC BY 2.0

Celia dejó un legado maravilloso. Cantó durante 55 años. De sus 75 álbumes, 23 llegaron a ser discos de oro[9]. Recibió numerosos premios prestigiosos y estableció la Fundación Celia Cruz que ayuda a estudiantes necesitados a estudiar música. Siempre será conocida como 'La reina[10] de la salsa'.

[9]*discos de oro - gold records*
[10]*reina - queen*

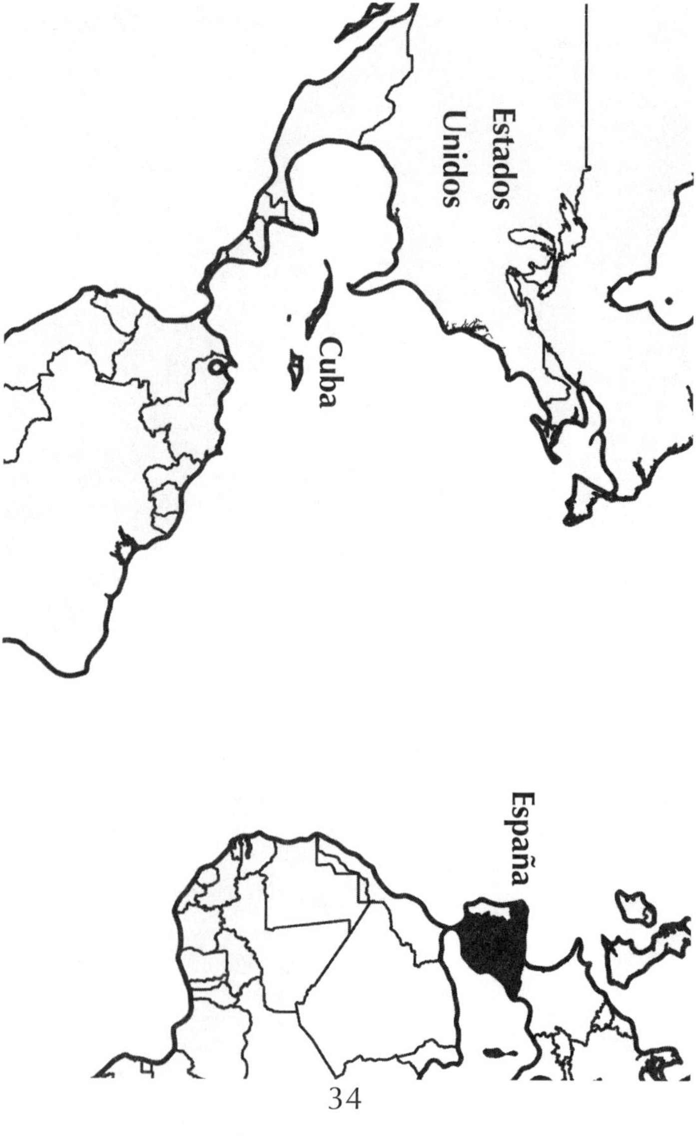

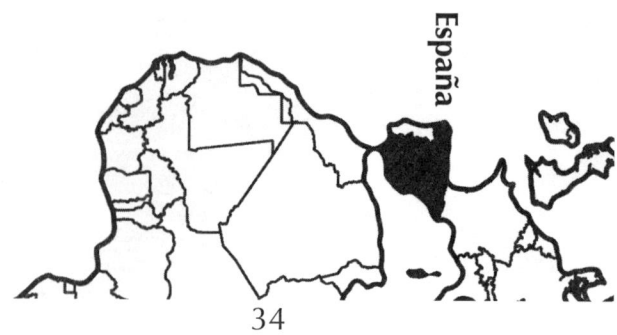

Estados Unidos

Cuba

España

Julio Iglesias

Julio José Iglesias de la Cueva nació el 23 de septiembre de 1943, en Madrid, España. Su padre era un doctor respetado y su madre siempre estaba en casa con su familia. En 1945 nació el hermano de Julio, Carlos. Todos consideraban a Carlos el hermano más atractivo y a Julio el más atlético. Julio y Carlos tenían una buena relación. La familia era muy unida y vivía muy bien.

Julio tenía un talento extraordinario para el fútbol y se dedicó completamente a jugar. ¡Su pasión para el fútbol era obvia! El fútbol era muy popular en España y cuando Julio solo tenía 15 años, hizo una audición para el equipo de El Real Madrid. Demostró mucho talento en su audición y ¡llegó a jugar en el equipo más famoso de España! Muchas personas admiraban a Julio, el gran jugador de fútbol. No sabían que Julio también tenía otros talentos. No solo jugaba al fútbol para El Real Madrid; también estudiaba para ser abogado[1]. Con su inteligencia y talento, parecía tener un futuro brillante.

Cuando tenía 19 años, Julio fue a pasar unos días en las montañas con tres amigos. Cuando regresaban a Madrid, Julio pasó en su coche unas curvas rápidamente y como los caminos de la montaña eran muy peligrosos, de repente, el coche de Julio chocó[2] contra unos postes de con-

[1] abogado - lawyer
[2] chocó - crashed

creto, se salió del camino, y cayó montaña abajo. El coche quedó completamente destruído, pero milagrosamente[3] Julio y sus amigos salieron del coche sin problemas. Todos podían caminar y todos estaban muy bien.

Unos días después del accidente, Julio sintió un fuerte dolor en la espalda. No podía jugar al fútbol y no podía dormir porque el dolor era muy intenso. Julio fue con varios doctores: su padre era doctor y encontró a los mejores especialistas de Madrid. Los especialistas no podían encontrar la causa de su dolor.

Después de dos meses de sufrir el inmenso dolor, los doctores descubrieron que Julio tenía un tumor en la columna vertebral y lo operaron inmediatamente.

A causa de la operación, Julio no pudo caminar. Después de cinco años de ser un jugador profesional de fútbol, Julio oyó las palabras que ningún atleta quisiera oír: «Nunca vas a volver a jugar. Estás paralizado».

El padre de Julio empezó a dedicarse por

[3]*milagrosamente - miraculously*

completo a su hijo. Julio siempre había tenido una relación muy buena con su padre, y después del accidente fueron inseparables. El Dr. Iglesias trabajó con su hijo durante dos años para que pudiera recuperar el uso de sus piernas. Poco a poco Julio empezó a caminar. Fue un proceso difícil y doloroso, pero con toda la determinación de un atleta, Julio perseveró.

Durante su recuperación, un doctor que cuidaba a Julio le dio una guitarra para que pasara el tiempo. Julio aprendió a tocarla y pasaba horas tocando la guitarra y cantando. A su familia le gustaba oírle cantar, porque tenía una voz muy buena, pero también porque podían ver que Julio se sentía bien cuando cantaba.

En 1968, Julio decidió participar en el Festival Internacional de la Canción de Benidorm con una canción que él escribió, *La vida sigue igual*. ¡Julio ganó el festival! Con mucha determinación Julio empezó a trabajar. Escribió más canciones y entró en el Festival de la canción de Eurovisión en 1970. No ganó, pero después del festival se hizo más popular.

**Julio Iglesias en el Festival de la canción
Eurovisión 1970**
Foto: Nationaal Archief, Den Haag, Rijksfotoarchief: Fotocollectie
Algemeen Nederlands Fotopersbureau (ANEFO)

En 1971 Julio se casó con Isabel Preysler. Con ella tuvo tres hijos: su hija Chabeli y sus dos hijos Julio José y Enrique. Julio quería ser un buen padre como su padre, pero con una carrera tan increíble, era difícil mantener el balance entre[4] el trabajo y la familia. Para Isabel no era suficiente que Julio mantuviera relaciones de padre y esposo por teléfono y se separaron en 1978.

Poco después, Julio decidió irse a vivir a Miami. Quería que su música llegara a los Estados Unidos. Sabía que habría obstáculos, pero estaba decidido. Dejó a sus hijos en España con su ex esposa y salió para Miami para continuar su carrera en los Estados Unidos.

El 29 de diciembre de 1981, cuando el padre de Julio salía de su consultorio en Madrid, dos hombres estaban afuera[5] del consultorio, observándolo. Le dijeron al Dr. Iglesias que eran documentalistas y que estaban haciendo un documental de la vida de su hijo Julio. El Dr. Iglesias se fue con los hombres para ayudarles con el documen-

[4]*entre - between*
[5]*afuera - outside*

40

tal. Resultó que realmente no eran documentalistas, sino que ¡eran terroristas! Los hombres formaban parte de un grupo terrorista del norte de España que se llama la ETA. Ellos habían capturado al padre de Julio Iglesias porque querían dinero para su organización terrorista.

Julio no podía continuar trabajando mientras buscaban a su padre. Fueron 20 días horrorosos para Julio y para su familia. Finalmente encontraron al Dr. Iglesias, sano y salvo[6], pero el incidente impactó mucho a Julio. Tenía miedo de que los terroristas también buscaran a sus hijos para obtener dinero para financiar sus actividades terroristas. Julio tomó una decisión importante: sus hijos iban a irse de Madrid e iban a vivir con él en Miami.

Ya que su padre estaba bien y sus hijos estaban bien con él en Miami, Julio se concentró en su música. Cantó *To All the Girls I've Loved Before* a dúo con Willie Nelson, el artista de música country. La canción llegó a ser muy popular, y Julio continuó cantando en inglés y en español.

[6]*sano y salvo - safe and sound*

41

Julio Iglesias
Foto: City of Boston Archives

Julio Iglesias es uno de los cantantes más populares de todos los tiempos. En total Julio tiene 80 álbumes. Ha vendido más de 350 millones de álbumes en 14 idiomas. ¡Ha dado más de 5.000 conciertos para 60 millones de personas en 5 continentes! Es uno de los cantantes más populares en el mundo.

El Dr. Iglesias estuvo siempre orgulloso[7] de su hijo, pero en el año 2000, el Dr. Iglesias le dijo a Julio que quería que completara su educación. Julio había dejado sus estudios para ser cantante. Julio ya no quería ser abogado, pero quería que su padre estuviera orgulloso y contento, así que en el año 2001, Julio entró a la Universidad Complutense de Madrid y completó sus estudios.

[7] *orgulloso - proud*

Chile ⟶

Luis Urzúa

Durante el verano del 2010, el mundo estaba fascinado y horrorizado con la historia de los treinta y tres mineros chilenos que estuvieron atrapados dentro de una mina. La mina, que tenía una estructura muy inestable, se derrumbó[1] el 5 de agosto. Los mineros fueron atrapados con su jefe

[1]se derrumbó - collapsed

Mural en Copiapó dedicado a los mineros

de turno[2], Luis Urzúa.

Con sus 54 años y más de 30 años de experiencia trabajando en las minas, Urzúa era un líder natural, pero nadie sabía exactamente cuánto liderazgo poseía. Cuando la mina se derrumbó Urzúa tuvo la 'oportunidad' de demostrarles que realmente era un líder excelente. Había llegado a la mina San José solo tres meses antes del accidente. Era un jefe estricto, y tenía el respeto de los hombres.

[2]jefe de turno - shift supervisor

46

Urzúa nació en Santiago, Chile en 1956. Cuando era niño su padre murió.

Unos años después, su madre se casó con Benito Tapia, un líder de un sindicato de mineros. En 1973, Tapia fue capturado por soldados y policías secretos de Pinochet, el brutal dictador de

Augusto Pinochet
Foto: Ministerio de Relaciones Exteriores de Chile.

Chile. Lo torturaron y lo asesinaron. La muerte de su padrastro tuvo un fuerte impacto en la familia y en Urzúa en particular. Urzúa tenía cinco hermanos menores y así, a sus 17 años, se convirtió en el hombre de la casa. Asumió la responsabilidad y fue como un padre para sus hermanos. Empezó a trabajar como minero. Durante los años aprendió mucho. Aprendió a interpretar mapas del interior de la mina y se convirtió en topógrafo. Su trabajo requería mucha educación técnica, y también la habilidad de utilizar mapas e instrumentos y de calcular distancias y ángulos.

Urzúa, que estaba casado y tenía una hija y un hijo, era el entrenador de un equipo local de fútbol. Como muchos chilenos, tenía mucha pasión por el fútbol.

Durante el verano de 2010, fue a trabajar en la mina San José en Copiapó, Chile como jefe de turno.

A las 11:30 de la mañana del 5 de agosto del 2010, todos trabajaban en la mina cuando de repente escucharon: «¡Crac!» La montaña empezó a hacer ruidos. Era más o menos normal, y todos continuaron trabajando. A la 1:30 era la hora de comer. Había un *'refugio,'* una habitación[3] peque-ña dentro de la montaña donde comían o toma-ban un poco de oxígeno y hablaban. Mientras comían, empezaron a oír ruidos muy fuertes: «¡Crac! ¡Crac! ¡Crac!». Oyeron una serie de ava-lanchas de rocas. La montaña se estaba derrum-bando. Los hombres estaban acostumbrados a oír los ruidos de la montaña, pero ese día eran dife-rentes. Los hombres sabían que estaban en proble-

[3]*habitación - room*

mas. Momentos después, se oyó una enorme explosión. La presión del derrumbe de la montaña causó que el aire explotara. Los hombres, confundidos, no podían oír ni ver nada… les era difícil respirar. No podían abrir los ojos porque había mucho polvo[4] en el aire. Se quedaron en silencio, paralizados con miedo. Entonces, empezaron a rezar.

Dentro del refugio, Urzúa miró lo que tenían para sobrevivir[5]. Tenían comida para diez hombres suficiente para 48 horas. Había 33 hombres atrapados y comida solo para 10, así que Urzúa sabía que tendrían que conservar lo poco que tenían. También sabía que él, como líder, tendría que establecer el orden y las rutinas para sus hombres rápidamente.

Uno de los mineros, Mario Sepúlveda ayudó a Urzúa a organizar a los hombres porque tenía una gran personalidad y todos lo respetaban mucho. Les dijo a los mineros que tenían que escuchar a Urzúa, porque era su jefe.

[4]*polvo - powder, dust*
[5]*sobrevivir - to survive*

Otro hombre, José Henríquez, era operador de maquinaria en la mina, pero su otro trabajo era de pastor de una congregación en Talca, Chile. José estableció una rutina para rezar con los hombres. Esta rutina fue muy importante para los mineros. Ellos empezaron a llamar a Jesucristo 'el minero 34'.

Sepúlveda y Urzúa guardaban la comida. Querían respetar a todos los hombres, y establecieron un sistema democrático. Votaron en cómo dividir la comida. Todos los hombres decidieron que era mejor tomar un poco de atún[6] todos los días porque no sabían cuántos días iban a quedarse atrapados.

Dentro de la mina, los hombres no podían comunicarse con el resto del mundo y no sabían qué estaba pasando afuera[7] de la mina. ¿Sus familias sabían que estaban atrapados? ¿Los oficiales de la mina sabían que estaban vivos? ¿Estaban buscándolos?

La situación era muy intensa y muchos pro-

[6]*atún - tuna*
[7]*afuera - outside*

50

blemas se formaron, y no era solamente por estar atrapados en la mina. Algunos de los mineros sufrían más que otros por sus adicciones al tabaco y al alcohol. Todos los mineros estaban estresados y había muchos conflictos, pero con el liderazgo de Urzúa y de Sepúlveda, mantuvieron el orden.

Afuera de la mina, las familias de los mineros llegaron y establecieron un campamento. El rescate empezó, y nadie sabía si los mineros estaban vivos o muertos dentro de la montaña, pero tenían esperanza. El campamento se llamaba *'Campamento Esperanza'*: todo el mundo miraba y esperaba.

Para localizar a los hombres, el equipo de rescate usó un taladro[8] que taladraba dentro de la mina. Usaron maquinaria y tecnología de los Estados Unidos y de Australia.

El 19 de agosto, los hombres en la mina pudieron oír el ruido del taladro y planearon lo que iban a hacer cuando vieran el taladro. Celebraron su rescate pendiente[9], pero su celebra-

[8]*taladro - drill*
[9]*pendiente - pending; about to happen*

ción era prematura. Todos esperaban el taladro, pero el taladro no llegó al sitio correcto. Poco después, el ruido desapareció. Los hombres estaban devastados.

El 20 de agosto comieron sus últimas raciones de atún, y ya no tenían nada más que comer. Estaban desesperados. Pensaban que seguramente iban a morir, pero el 22 de agosto, ¡el taladro llegó! ¡El mundo supo que los 33 mineros estaban vivos! Pero todos sabían que iban a necesitar meses para poder rescatar a los mineros. Llegaron muchos expertos de todo el mundo, incluso de la NASA de los Estados Unidos. El 'Campamento Esperanza' tenía muchos conflictos porque había problemas entre las familias y dentro de las familias. También había muchos reporteros que causaban tensiones en el campamento.

En esos días, los hombres empezaron a recibir agua, comida, correspondencia de sus familias, música, televisión y más. Recibieron las cosas por un aparato que les llegaba a los mineros por un tubo pequeño. Los hombres acumularon muchas posesiones. El mundo estaba obsesionado con su

El aparato que permitió que los mineros recibieran comida y otras cosas

situación y con el rescate. Fue muy difícil esperar el rescate, pero no tenían otra opción. Afuera de la montaña muchos trabajadores e ingenieros estaban trabajando día y noche para preparar una ruta de escape. Taladros enormes estaban taladrando la montaña para crear un túnel. Iban a usar una cápsula, y así, los hombres podrían escapar en la cápsula, uno por uno.

El 9 de octubre fue un día especial porque finalmente, después de 69 días, el taladro entró. El

1. Monitor del cinturón biométrico
2. Anteojos especiales
3. Arnés
4. Máscara de oxígeno
5. Cinturón biométrico
6. Traje
7. Ropa interior especial
8. Casco
9. Vendaje
10. Huinche (para levantar la cápsula)
11. Patines (para estabilizar la cápsula)
12. Módulo de transporte de los mineros

La cápsula del rescate de los mineros se llamaba el "Fénix 2."

CHILE

FENIX 2

3,95 mts

51 cms

54

ruido fue increíble. Los hombres celebraron, grita-
ron y lloraron. Todos afuera de la montaña celebraron, y el resto del mundo también celebró.

Los hombres se prepararon para salir de la
mina. Luis Urzúa sabía que como era el líder, él

**Luis Urzúa con el presidente de Chile
momentos después de salir de la mina**

55

iba a ser el último en salir. El valiente líder observó cómo durante dos días rescataban a 32 hombres de la mina en la pequeña cápsula. Finalmente le tocó a él.

Meses después del rescate, Luis Urzúa dijo: «Ver la roca gigante que nos dejó enterrados me demostró que no había otra forma de ser rescatados. Quiero dar las gracias a todas las personas que ayudaron con el rescate, volví a nacer y día a día trato de ser una mejor persona».

Los 33 mineros con el presidente de Chile
Foto: Gobierno de Chile

María Reiche

María Reiche nació en Alemania[1], en Dresden, el 15 de mayo de 1903. Cuando era una niña pequeña, empezó a tener interés en el mundo, en las estrellas y en las ciencias. Iba con su padre a ver y a estudiar las estrellas. Hablaban durante horas sobre las estrellas, las constelaciones y los planetas. También iban a museos y a otros sitios culturales.

[1]*Alemania - Germany*

Cuando María estaba en la escuela, los profesores creían que no era muy inteligente. Ella no participaba muy bien en las actividades. Un día cuando María tenía nueve años, su profesora de francés habló con María. La profesora

Maria (derecha) con su hermana en 1910

pensaba que la pobre niña necesitaba un poco de ayuda extra con sus estudios. Al hablar con María, ¡la profesora descubrió que la niña era muy inteligente! Descubrió que el problema no era su inteligencia, sino que no podía ver bien. María recibió anteojos[2] y después, nadie cuestionó que era muy inteligente.

María tenía una relación muy especial con su padre. Él le enseñaba[3] sobre las estrellas y los planetas. Su padre no la trataba como una niña, sino como una colega. Le hablaba como la persona inteligente que era. Cuando María se portaba

[2]*anteojos - eye glasses*
[3]*enseñaba - taught; used to teach*

58

mal[4], su padre la obligaba a sentarse en una habitación con muchos libros, pero para María no era tan malo porque le gustaban mucho los libros. El padre de María murió durante la Primera Guerra Mundial[5], en 1916, cuando María tenía 13 años.

Soldados en Alemania van a la Guerra en 1914
Foto: Bundesarchiv, Bild 146-1974-118-18 / CC-BY-SA 3.0

[4]*se portaba mal - misbehaved*
[5]*Primera Guerra Mundial - World War I*

En la universidad, María estudió matemáticas, geografía, astronomía, física y filosofía. También tenía mucho talento para la música y tocaba varios instrumentos. María sabía hablar francés, inglés, y alemán. Después de tres años recibió su licenciatura para trabajar como profesora. María decidió que no quería casarse, ni tener hijos porque quería ser independiente y una mujer con una familia no era independiente.

En 1929, el mundo cayó en una crisis económica, y con la mala economía María tuvo problemas para encontrar trabajo. María también podía ver que Alemania tenía otros problemas cuando los Nazis empezaron a propagandear sus mensajes de racismo y antisemitismo. María tomó la decisión de salir de Alemania e irse a Cusco, Perú para trabajar con la familia del cónsul alemán en Cusco. No hablaba ni una sola palabra de español cuando llegó a Perú.

María empezó a trabajar con los niños de la familia e inmediatamente a los niños les encantó María. Ella también pasaba mucho tiempo con la gente indígena porque le interesaban sus costum-

60

bres y su idioma. Ella aprendió a hablar quechua (el idioma de la gente indígena del Perú), y también les enseñaba quechua a los niños de la familia, pero a la mamá no le gustaba que sus niños tuvieran una relación tan buena con María. Un día, la mamá le dijo: «María, tienes que irte. No quiero que mis niños te quieran más de lo que nos quieren a nosotros». María le respondió: «Pero señora...». La madre continuó: «Pero nada. Es más, no quiero que influyas a mi hija. Ella ya quie-

Una mamá quechua con su bebé en Perú
Foto: quinet (Mother and Child) CC BY 2.0

re ser una niña pobre como tú».

María aceptó que no podía quedarse con la familia, y decidió irse a Lima, la capital de Perú. Pero el gobierno de Perú le ordenó regresar a Alemania porque ya no tenía trabajo. Ella no quería regresar nunca más, y especialmente no quería regresar mientras los Nazis ocuparan el país. Una amiga de María tenía contactos con políticos en Lima y ayudó a María a poder quedarse en Perú.

María ya hablaba muy bien el español y empezó a trabajar como traductora[6]. Principalmente trabajaba para un profesor de antropología. En 1941, un profesor de arqueología de Nueva York, el Dr. Paul Kosok, llegó a Perú. El arqueólogo habló con una amiga de María en un café y le dijo que buscaba a una persona que hablara inglés y español, y que supiera mucho sobre matemáticas. La mujer sabía que su amiga María era la persona perfecta para el trabajo y se la recomendó al Dr. Kosok.

El Dr. Kosok estudiaba los antiguos sistemas

[6]*traductora - translator*

de irrigación en Perú, y detectó que había unas líneas muy raras en el desierto. Pensaba que las líneas formaban un calendario astronómico. A María le fascinaban las líneas y ella se convirtió en arqueóloga, una profesión que era la combinación perfecta de todos sus intereses.

Durante la guerra en Europa, el Dr. Kosok salió de Perú, y María tuvo que quedarse en Lima (todos los alemanes tuvieron que quedarse en Lima durante la guerra). Después de la guerra,

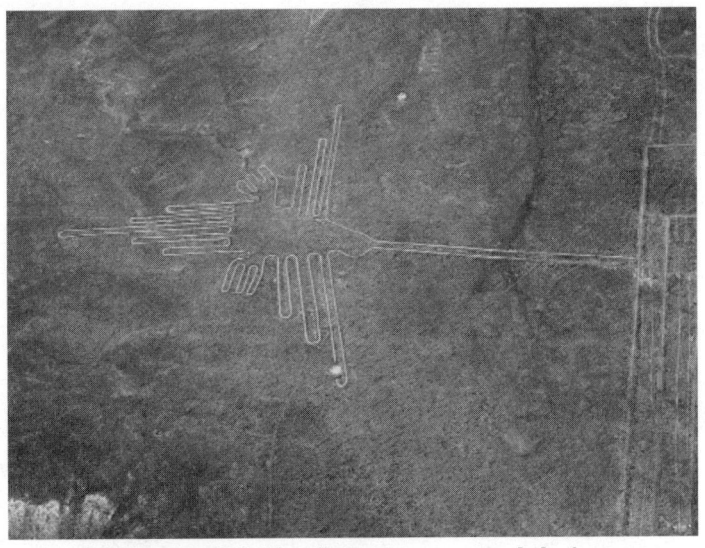

María estudiaba las figuras raras en el desierto

María empezó a trabajar en el desierto. Fotografiaba y medía[7] las líneas. Usaba las posiciones de las estrellas y un compás para hacer mapas de las líneas. Ella también vio que algunas líneas formaban figuras enormes en el desierto. También trabajó con una escoba[8]. Barría[9] las líneas con la escoba. Tenía que barrer las líneas para exponerlas y ver las figuras que formaban. Todos los días María estaba en el desierto con un sombrero enorme para protegerse del sol, botellas de agua, frutas para comer, papel para escribir, un compás y su escoba, barriendo el desierto y haciendo mapas.

María se quedaba en un hotel en Nasca, y todos los días iba al desierto en el primer coche que pasara. A veces María pasaba la noche en el desierto, con su telescopio en la mano, mirando las estrellas. Cuando dormía en el desierto, María podía observar el sol, la luna y las estrellas; día y noche. Podía contemplar el significado de las líne-

[7]*medía - measured*
[8]*escoba - broom*
[9]*barría - swept*

as y la astronomía.

Había muchos rumores sobre María y mucha gente la creía completamente loca. La gente la veía barriendo el desierto con su escoba, y no entendía que ella estaba haciendo un trabajo científico. Algunas personas decían que estaba loca, que tenía una pistola y que casi había matado a un hombre. Otras personas iban al desierto para observarla, o para darle agua o comida.

En 1952, María tuvo la oportunidad de observar las líneas desde el aire, desde un helicóptero.

Foto: Liau Yun Qing

Pero no se sentó en el helicóptero como una persona normal, sino que ella se ató con sogas[10] al helicóptero para observar las líneas y fotografiarlas sin obstrucciones. Al final de la excursión atada al helicóptero, regresó con sangre[11] por todas partes por las sogas, pero estaba muy contenta porque capturó las imágenes de las figuras y de las líneas que estaba estudiando.

[10]*se ató con sogas - she tied herself with ropes*
[11]*sangre - blood*

66

María pasó el resto de su vida estudiando y defendiendo las líneas y las figuras de Nasca. Fue la pasión de su vida y la razón de su existencia. Ahora, las líneas de Nasca son Patrimonio de la Humanidad[12]. Hay cientos de líneas y formas geométricas, y más de 70 formas de animales o plantas. También en Nasca hay un museo dedicado a la vida y al trabajo de María Reiche para que su legado pueda continuar inspirando y educando.

Perú

Vidas impactantes

Glosario

A

abogado - lawyer
abril - April
accidente - accident
aceptó - s/he accepted
acompañar - to accompany
acostumbrados - accustomed, used to
actividades - activities
activista - activist
acumulaban - they were accumulating; used to accumulate
adicciones - addictions
admiraron - they admired
adolescente - adolescent; teen
aérea - aerial
afrocaribeña - Afro-Caribbean
afuera - outside
agosto - August
agua - water
ahora - now
aire - air

álbumes - albums
alcohol - alcohol
alemán - German
alemanes - Germans
Alemania - Germany
algunos - some
amiga - friend
amigos - friends
amor - love
ángulos - angles
aniversario - anniversary
año - year
anotó - noted; scored (in a sport)
anteojos - eye glasses
antes - before
antiguos - old (antique)
antisemitismo - anti-Semitism (hostility to or prejudice against Jews)
antropología - anthropology (study of human cultures)
anuncio - announcement
apareció - s/he appeared
aprendió - s/he learned

aprobaba - s/he approved
arqueóloga - archaeologist
arqueología - archaeology
arqueólogo - archaeologist
arrestado - arrested
arrestaron - they arrested
artículos - articles; objects
artista - artist
asesinado - murdered
asesinaron - they murdered
así - so
asociadas - associated
astronomía - astronomy
astronómico - astronomical
asumió - s/he assumed
atada - tied
atención - attention
atleta - athlete
ató - s/he tied
atractivo - attractive
atrapados - trapped
atún - tuna
audición - audition
avalanchas - avalanche
avión - airplane
ayuda - s/he helps
ayudaba - s/he was helping; used to help

ayudaban - they were helping; used to help
ayudar - to help
ayudarles - to help them
ayudaron - they helped
ayudó - s/he helped

B

balance - balance
banco - bank
banda - band
barrer - to sweep
barría - s/he swept
barriendo - sweeping
batear - to bat (baseball)
bebé - baby
béisbol - baseball
beisbolista - baseball player
besó - s/he kissed
bien - well
bilingües - bilingual
botellas - bottles
brillante - brilliant
buen - good
buena - good
buenos - good
buscaba - s/he was looking for; used to look for

buscaban - they were looking for

buscando - looking for

buscar - to look for

(que) buscaran - (that) they look for

buscarme - to look for me

buscó - s/he looked for

C

cabaret - cabaret (a nightclub where entertainers perform song and dance numbers)

caer - to fall

café - café; coffee

calcular - to calculate

calendario - calendar

calmó - s/he calmed

caminaba - s/he was walking; used to walk

caminar - to walk

camino - path; road

campamento - camp

cáncer - cancer

canción - song

cantaba - s/he was singing; used to sing

cantando - singing

cantante - singer

cantar - to sing

(que) cantara - (that) s/he sing

cantas - you sing

canto - I sing

cantó - s/he sang

caos - chaos

capital - capital

cápsula - capsule

capturado - captured

capturó - s/he captured

carga - cargo

caridad - charity

carrera - career

casa - house

(se) casa - s/he gets married

casado - married

casarme - to marry

casar(te) conmigo - to marry (yourself to) me

(se) casaron - they got married

casarse - to marry

casi - almost

(se) casó - s/he got married

católico - Catholic

causa - cause

causaban - they caused; were causing

causó - s/he caused

(se) cayó - s/he fell

celebraron - they celebrated

celebró - s/he celebrated

centro - center

chilenos - Chileans

chocó - s/he or it crashed

ciencias - sciences

científico - scientific

cinco - five

clima - climate

clubes - clubs

coche - car

colega - colleague

columna vertebral - spinal column

combinación - combination

comer - to eat

comían - they were eating; used to eat

comida - food

comieron - they ate

como - like; as

cómo - how

compañías - companies

compás - compass (Technical instrument for drawing circles or arcs, and to measure distances, in particular on maps.)

competencias - competitions

completamente - completely

(que) completara - (that) s/he complete

completo - complete

completó - s/he completed

comprender - to comprehend, understand

comunicarse - to communicate

comunismo - communism

comunistas - communists

con - with

concentró - s/he concentrated

conciertos - concerts

concreto - concrete

conducían - they were driving

condujo - s/he drove

conflictos - conflicts

72

confundido - confused

congregación - congregation

conmigo - with me

conmoción - commotion

conocer - to know; to meet

conocida - known

conocieron - they met

conoció - s/he met

conquistar - to conquer

consecuencia - consequence

consecutivos - consecutive

conservar - to conserve; preserve

consideró - s/he considered

consolarla - to console; to comfort

constelaciones - constellations

constitucional - constitutional

cónsul - consul (an official appointed by a government to live in a foreign city and protect and promote the government's citizens and interests there.)

contactos - contacts

contemplar - to contemplate

contenta - content, happy

contento - content, happy

conmigo - with me

contigo - with you

continentes - continents

continuar - to continue

continuaron - they continued

continuó - s/he continued

contra - against

contrato - contract

control - control

controlaba - s/he was controlling

convencido - convinced

convirtió - s/he converted

correcto - correct

correspondencia - correspondence

costo - cost

costumbres - customs

crear- to create

creerlo - to believe it

creía - s/he believed

creían - they believed

creo - I believe

Vidas impactantes

creyó - s/he believed
criminales - criminals
crisis - crisis
criticaba - s/he was criticizing
criticaban - they were criticizing
críticos - critics
cuál - which?
cuando - when
cuánto - how much?
cuántos - how many?
cuatro - four
cubana - Cuban
cuestionó - questioned
cuidaba - s/he cared for
cuidaban - they cared for
culturales - cultural
curioso - curious
curvas - curves

D

daba - s/he was giving; used to give
dado - given
darle - to give to him/her
de - of; from

decía - s/he used to say; was saying
decían - they used to say; were saying
decidieron - they decided
decidió - s/he decided
decisión - decision
declaró - s/he declared
dedicaba - s/he was dedicating
dedicado - dedicated
dedicarse - to dedicate oneself
dedicó - s/he dedicated
defendiendo - defending
deformados - deformed
dejaba - s/he was leaving; used to leave (behind; alone)
dejado - left (behind; alone)
dejar - to leave (behind; alone)
dejaron - they let; allowed
dejó - s/he left (behind; alone)
democracia - democracy
democrático - democratic

demostrarles - to demonstrate; show

demostró - s/he demonstrated; showed

dentro - inside

derrumbaba - it was collapsing

derrumbe - collapse

derrumbó - it collapsed

desaparecer - to disappear

desaparecido - disappeared

desaparecidos - people who have disappeared

desaparecieron - they disappeared

desapareció - s/he disappeared

desconsolado/a - inconsolable

descubrieron - they discovered

descubrió - s/he discovered

desde - since

desertado - deserted

desesperados - desperate; without hope

desierto - desert

después - after

destino - destination

destruido - destroyed

detectó - s/he detected

determinación - determination

determinado/a - determined

devastados - devastated

día - day

diagnóstico - diagnosis

diamantes - diamonds

dices - you say

diciembre - December

dictador- dictator

dieciséis - sixteen

dieron - they gave

diez - ten

diferentes - different

difícil- difficult

dijeron - they said

dijo - s/he said

dinero - money

dio - s/he gave

discos - albums (discs)

discriminación - discrimination

discriminar - to discriminate

distancias - distances

dividir - to divide

doce - twelve

doctor - doctor

documental - documentary

documentalistas - people who create documentaries

dolor - pain

doloroso - painful

donaba - s/he donated; used to donate

donde - where

dónde - where?

donó - s/he donated

dormía - s/he was sleeping; used to sleep

dormir - to sleep

dos - two

drogaron - they drugged

dúo - duo; duet

durante - during; for a time

durmiendo - sleeping

E

economía - economy

económica - economic

educación - education

educando - educating

el - the

él - he

elegante - elegant

eliminar - to eliminate

ella - she

ellas - they

ellos - they

embarazada - pregnant

empezaron - they began

empezó - s/he began

empleados - employees

en - in; on

enamorado - in love

encantaban - they enchanted (loved)

encantadora - enchanting; charming

encantaron - they enchanted (loved)

encantó - s/he enchanted (loved)

encontrar - to find; encounter

encontraron - they found; encountered

encontró - s/he found; encountered

enfermo - sick

enfrente - in front

enorme - enormous

entrenador - coach

entró - s/he entered

escapar - to escape

escape - escape

esconder - to hide

escuela - school

España - Spain

español - Spanish

especial - special

especialistas - specialists

especialmente - specially; especially

espectacular - spectacular

esposa - wife (spouse)

esposo - husband (spouse)

establecer - to establish

establecieron - they established

estableció - s/he established

estación - station

estado - state

Estados Unidos - United States

estómago - stomach

estricto - strict

estudiaba - s/he studied; used to study

estudiando - studying

estudiantes - students

estudiar - to study

(que) estudiara - (that) s/he study

estudió - s/he studied

estudios - studies

Europa - Europe

exactamente - exactly

excelente - excellent

exiliada - exiled

existencia - existence

existía - existed

existían - they existed

experiencia - experience

expertos - experts

explosión - explosion

(que) explotara - (that) it explode

exponerlas - to expose them

expresar - to express

extraordinario - extraordinary

F

fama - fame
familia - family
familiares - family members
famosa - famous
famoso - famous
fans - fans; aficionados
farmacia - pharmacy
fascinaban - they fascinated
fascinación - fascination
fascinado - fascinated
febrero - February
festival - festival
figuras - figures
filmes - films
filosofía - philosophy
final - final
finalmente - finally
financiar - to finance
firmemente - firmly
física - physics
flotaba - was floating
forma - form; shape
formaban - they formed; used to form
formaron - they formed
forzaron - they forced

fotografiarlas - to photograph them
fotografió - s/he photographed
fotos - photographs
francés - French
frío - cold
frustración - frustration
fruta - fruit
fundación - foundation
funeral - funeral
furioso - furious
fútbol - soccer
futuro - future

G

ganaría - he would earn
garantizar - to guarantee
genuinamente - genuinely
geografía - geography
gigante - giant
gobierno - government
graduarse - to graduate
grandes - large
grupo - group
guitarra - guitar

H

habilidad - ability
helicóptero - helicopter
historia - history; story
hora - hour (time)
horrorizado - horrified
hospitales - hospitals
hotel - hotel
humanidad - humanity

I

iban - they were going; used to go
identificó - s/he identified
idioma - language
iglesia - church
ignoró - s/he ignored
imágenes - images
impacto - impact
impactó - s/he impacted
importaba - was important
importante - important
impresionada - impressed
incidente - incident
incluso - including
increíble - incredible

independiente - independent
indígena - indigenous
inestable - unstable
infiltrado - infiltrated
influencia - influence
(que) influyas - (that) you influence
informar - to inform
ingenieros - engineers
inglés - English
inmediatamente - immediately
inmenso - immense
insatisfacción - dissatisfaction
inseparables - inseperable
inspeccionaron - they inspected
inspirando - inspiring
instrumentos - instruments
inteligencia - intelligence
inteligente - intelligent
intenso/a - intense
interés - interest
interesaban - they were interesting
intereses - interests

internacional - international
interpretar - to interpret
interrogó - s/he interrogated
invierno - winter
invitaban - they invited
invitarlo - to invite him
ir - to go
irrigación - irrigation
irse - to go away

J

jefe - boss
Jesucristo - Jesus Christ
jonrones - home runs
joven - young; young person
juegos - games
jueves - Thursday
jugaba - s/he was playing; used to play
jugadas defensivas - defensive plays
jugador - player
jugar - to play
jugara - (that) s/he play
jugó - s/he played
julio - July
junio - June
justicia - justice

L

la - the; it
las - the; them
latino - Latino person
Latinoamérica - Latin America
le - to him or her
legado - legacy
les - to them
leyes - laws
libre - free
libros - books
licenciatura - license
líder - leader
liderazgo - leadership
ligas - leagues
líneas - lines
lista - list
literatura - literature
llama - s/he calls
llamaba - s/he used to call
llamar - to call
(que) llamara - (that) s/he call
llamaron - they called
llamas - you call
llegaban - they were arriving

llegado - arrived

llegar - to arrive

(que) llegara - (that) s/he arrive

(que) llegaran - (that) they arrive

llegaron - they arrived

llegó - s/he arrived

lloraba - s/he was crying; used to cry

llorando - crying

llorar - to cry

lloraron - they cried

lo - it; him

local - local

localizada - located

localizar - to locate

loca - crazy

loco - crazy

los - the; them

luna - moon

M

madre - mother

mal - bad

malo/a - bad

mamá - mom

managers - managers

mañana - morning; tomorrow

manifestaciones - demonstrations; protests

mano - hand

mantener - to maintain

(que) mantuviera - (that) s/he maintain

mapas - maps

maquinaria - machinery

maravilloso/a - marvelous; wonderful

marcar - to mark

marcarte - to mark you

marchan - they march

marchando - marching

marchar - to march

(que) marchara - (that) s/he march

marcharon - they marched

marzo - March (month)

más - more

masivo - massive

matar - to kill

matemáticas - math

matrimonio - matrimony; marriage

mayo - May (month)

Vidas impactantes

mecánicos - mechanics

mejor - better; best

mencionado - mentioned

meñiques - pinkies (fingers)

menor - younger

menos - less

mensajes - messages

mes - month

mexicanos - Mexicans

México - Mexico

midió - s/he measured

miedo - fear

miembros - members

mientras - while

milagrosamente - miraculously

militar - military

militares - people in the military

militarizado - militarized

millones - millions

mina - mine

minero - miner

mira - s/he looks at; watches

miraba - s/he was looking at; watching

mirando - looking at; watching

miraron - they looked at; watched

miró - s/he looked at; watched

mismo/a - same

momento - moment

montaña - mountain

montón - ton (a lot)

morir - to die

mucho - much

muere - s/he dies

muerta - dead

muerte - death

muertos - dead; dead people

mujer - woman

mundial - world; worldwide

mundo - world

(que) muriera - (that) s/he die

murió - s/he died

museo - museum

música - music

músicos - musicians

muy - very

N

nacer - to be born

(que) naciera - (that) s/he be born

nació - s/he was born

naciste - you were born

nada - nothing

nadie - no one

natural - natural

navegar - to navigate

Navidad - Christmas

necesidad - necessity

necesitada - needy

necesitar - to need

negro - black

nerviosa - nervous

ni - neither; nor

niña - girl

ningún - none

ninguno - none

niño - boy

noche - night

nombre - name

nominada - nominated

normal - normal

normalmente - normally

norte - north

nos - us; to us

nosotros - we

nota - s/he notes; notices

noviembre - November

nube - cloud

nueve - nine

nuevo/a - new

numerosos - numerous

nunca - never

O

obligaba - s/he obligated

obligación - obligation

observadores - observers

observando - observing

observándolo - observing him/it

observar - to observe

observó - s/he observed

obsesión - obsession

obsesionado - obsessed

obstaculos - obstacles

obstrucciones - obstructions

obtener - to obtain

obvia - obvious

océano - ocean

ocho - eight

octubre - October

ocupada - occupied; busy

(que) ocuparan - (that) they occupy

ocurrió - occured
oficial - official
ofrecieron - they offered
oír - to hear
ojo - eye
opción - option
operación - operation
operador - operator
operaron - the operated
opinión - opinion
oportunidad - opportunity
orden - order
ordenó - s/he ordered; put in order
organización - organization
organizar - to organize
organizó - s/he organized
orgulloso - proud
oro - gold
otro - other; another
oxígeno - oxygen
oyeron - they heard
oyó - s/he heard

P

padrastro - stepfather
padre - father
padres - parents
país - country; nation
palabra - word
papá - dad
papel - paper
para - for; in order to
paralizado - paralyzed
parecía - s/he or it seemed; looked like
parque - park
parte - part
participar - to participate
pasaba - s/he was passing; spending (time)
pasando - passing; spending (time)
pasar - to pass; spend (time)
(que) pasara - (that) s/he pass; spend (time)
pasión - passion
pasó - s/he passed; spent (time)
pastel - cake
pastor - pastor
paz - peace
peligro - danger
peligroso - dangerous
peluca - wig

pendiente - pending; about to happen

pensaba - s/he was thinking; used to think

pensaban - they were thinking; used to think

pensaron - they thought

peores - worst

pequeña - small

perdonar - to pardon; forgive

perdonaron - they pardoned

perfecta - perfect

periódico - newspaper

permiso - permission

pero - but

perseveró - s/he persevered

persistente - persistent

persona - person

personalidad - personality

piernas - legs

pintar - to paint

pistola - pistol

picheo - pitching (baseball)

picher - pitcher (baseball)

planearon - they planned

planetas - planets

pobre - poor

poco/a - a little

poder - to be able to (could)

podía - s/he could

podían - they could

podrían - they would be able to

podrías - you would be able to

policía - police

política - political; politics

políticos - politicians

polvo - dust

popular - popular

popularidad - popularity

por - for

porque - because

poseía - s/he possessed

posesiones - possessions

posiblemente - possibly

posiciones - positions

postes - posts; pillars

práctica - practice

practicaba - s/he was practicing; used to practice

preciosa - precious

preguntó - s/he asked

prematura - premature

premio - prize

premonición - premonition (vision of the future)

preparaba - s/he was preparing; used to prepare

preparar - to prepare

prepararon - they prepared

preparó - s/he prepared

presidenta - president (female)

presión - pressure

prestigiosos - prestigious

primer - first

primera - first

prisión - prison

privada - private

problema - problem

proceso - process

profesión - profession

profesional - professional

profesionalmente - professionally

profesor - professor; teacher

promedio de bateo - batting average

propagandear - to spread propaganda

proteger - to protect

protestas - protests

próximo - next

públicamente - publicly

publicidad - publicity

público - public; audience

publicó - s/he published

(que) pudiera - (that) s/he could

pudieron - they could

pudo - s/he could

(que) pueda - (that) s/he can

puede - s/he can

puedes - you can

Q

que - that

qué - what?; how

quechua - indigenous culture and language in the Andes mountain region

quedaba - s/he was staying; remaining

(se) quedaron - they stayed; remained

quedarse - to stay; remain

quería - s/he wanted

querían - they wanted

quién - who

quienes - who

quiere - s/he wants

quieres - you want

quiero - I want

quince - fifteen

quiso - s/he wanted

quitaron - they took off; took away

R

raciales - racial

raciones - rations; portions

racismo - racism

radio - radio

rápidamente - quickly

rápido - quick

raro - strange

razón - reason

reaccionar - to react

real - real

realmente - really

rebelaron - they rebelled

recibían - they received

(que) recibieran - (that) they receive

recibió - s/he received

reclutarlo - to recruit him

reclutaron - they recruited

recomendaba - s/he used to recommend

recomendó - s/he recommended

reconocerte - to recognize you

(que) reconozcas - (that) you recognize

recuperación - recovery

recuperar - to recover

reemplazó - s/he replaced

refugio - refuge; place of safety

regresaban - they were returning

regresado - returned

regresar - to return

(que) regreses - (that) you return

regresó - s/he returned

reina - queen

relación - relationship

religión - religion

(de) repente - suddenly

reporteros - reporters

requiere - requires

rescatados - rescued

rescatar - to rescue

rescataron - they rescued

rescate - rescue

residencia - residence

respetaban - they respected

respetable - respectable

respetado - respected

respetar - to respect

respeto - respect

respirar - to breathe

respondió - s/he responded

responsabilidad - responsibility

restaurante - restaurant

resto - rest

resultó - resulted

reunió - s/he reunited; met

reuniones - reunions; meetings

rezar - to pray

ricos - rich

roca - rock

romántico - romantic

rompió los meñiques - s/he broke the pinkies (fingers)

ropa - clothing

ruidos - noises

rumores - rumors

ruta - route

rutina - routine

S

sabía - s/he knew

sabían - they knew

salarios - salaries

saldría - s/he would leave

(que) saliera - (that) s/he leave

salieron - they left

salió - s/he left

salir - to leave

salsa - salsa music

saltó - s/he jumped

sangre - blood

sano y salvo - safe and sound

santería - Afro-Cuban religion developed from the beliefs and customs of the Yoruba people and incorporating some elements of the Catholic religion.

sé - I know

secretaria - secretary

secretos - secrets

seguramente - surely; safely

seis - six

semanas - weeks

señor - Mr.; a man; sir

señora - Mrs.; a woman; ma'am

sentaba - s/he was sitting

sentado - seated

sentarse - to sit

sentenciado - sentenced

(**se**) **sentía** - s/he was feeling

(**se**) **sentó** - s/he sat (down)

separaron - they separated

septiembre - September

ser - to be

será - s/he will be

sería - s/he would be

serie - series

si - if

sí - yes

sido - been

siempre - always

siete - seven

significado - significance; meaning

sigue - s/he follows; continues

sigue siendo - s/he or it continues to be

siguiente - next; following

simplemente - simply

sin - without

sincero - sincere

sindicato - labor union

sino - rather

(**se**) **sintió** - s/he felt

sistema - system

sitio - site; place

situación - situation

sobre - about

sobrina - niece

social - social

sogas - ropes

sol - sun

soldados - soldiers

sombrero - hat

son - they are

sorpresa - surprise

su - his; her; their

sueño - dream

suficiente - sufficient

sufría - s/he was suffering

sufrían - they were suffering

sufrió - s/he suffered

sufrir - to suffer

89

(que) supiera - (that) s/he know

supo - s/he learned; found out

sur - south

sus - his; her; their

T

tabaco - tobacco

taladrando - drilling

taladrar - to drill

taladro - drill

talento - talent

también - also

tan - so; so much

tanto - so much

tarde - late; afternoon

te - you

técnica - technique

tecnología - technology

teléfono - telephone

telescopio - telescope

televisión - television

tendría - s/he would have

tendrían - they would have

tener - to have

tengo - I have

tenía - s/he had

tenían - they had

tenido - had

tensiones - tensions

terminal - terminal

terremoto - earthquake

terrible - terrible

terroríficos - terrifying

terrorista - terrorist

ti - you

tía - aunt

tiempo - time

tiene - s/he has

tienes - you have

tímida - timid; shy

típicos - typical

tocaba - s/he was touching; playing (music)

tocando - touching; playing (music)

(que) tocara - (that) s/he touch; play (music)

tocarla - to touch; play (music)

tocó - s/he touched; played (music)

todo/a - all; everything

tomaban - they were taking

tomado - taken

tomar - to take
tomó - s/he took
topógrafo - topographer
torturaron - they tortured
total - total
trabajaba - s/he was working; used to work
trabajaban - they were working; used to work
trabajadores - workers
trabajando - working
trabajar - to work
trabajó - s/he worked
trabajo - work; job
tradición - tradition
tradicional - traditional
tragedia - tragedy
trataba - s/he was trying
trato - I try
trece - thirteen
treinta - thirty
tres - three
triste - sad
tristemente - sadly
trompeta - trumpet
tú - you
tumor - tumor
túnel - tunnel

turno - turn; shift (of work)
(que) tuvieran - (that) they have
tuvieron - they had
tuvo - s/he had

U

último/a - last
un(a) - a; an; one
único - only
unida - united; close
universidad - university
universitarios - related to a university
uno - one
usar - to use
usaron - they used
usó - s/he used
uso - use

V

va - s/he goes
valiente - valiant; brave
varios - various; several
vas - you go
(que) vayas - (that) you go
veces - times
veía - s/he saw

ver - to see

verano - summer

vete - go away

vez - time

vida - life

(que) vieran - (that) they see

vieron - they saw

vio - s/he saw

visión - vision

visitaba - s/he was visiting; used to visit

visitar - to visit

visitaron - they visited

vivía - s/he lived

(que) vivieran - (that) they live

vivir - to live

viviría - s/he would live

vivos - alive

volver - to return

volví - I returned

(que) volviera - (that) s/he return

volvió - returned

votaron - they voted

voy - I go

voz - voice

vuelos - flights

Y

y - and

ya - now; already

yo - I

Z

zapatos - shoes